LE WEB AM

par

David Theodore

et

Le Web

Vous pouvez copier quoi que ce soit de ce livre si vous le souhaitez, à votre propre risque. J'ai fait un peu de lui jusqu'à, mais le reste est simple vérité. Central Intelligence sera probablement puiser mon téléphone. Je vais obtenir toutes sortes de haine / courrier de fans, et l'autre sexe aka examinateurs secrets de EnterNet (SEE) voudra m'aimer, me tuer, ou les deux. Mais à la fin, je vais être exonéré et prouvé non coupable. Je plaisante, je suis coupable. Si la charge est en vous apportant des informations factuelles que je sais que je suis responsable, cupable, responsable et tout autre mot que microsoft a comme synonyme que je peux utiliser. Tout ce que vous faites, faites-moi juste une grâce ... ..Enjoy. Ɵ tous les droits sont réservés.

ISBN-13:
9781500938307

ISBN-10:
1500938300

davidtheodore@live.com
917-915-2026

Dédié à ma mère et mon père.
Donner, honnête et aimante.
Je suis si heureux y'all a fait.

B4 The Web

Le mot 'ordinateur' remonte au début des années 1600, mais il a été la création de l'ordinateur électronique qui a fait des pas de géant dans l'histoire dans un délai assez court laps de temps. Principalement développé à des fins militaires au début des années 1940, les premiers ordinateurs pourraient remplir une taille moyenne chambre

(beaucoup trop grand pour s'asseoir sur votre table de café). Étonnamment, ces jours, vous pouvez littéralement détiennent un ordinateur dans la paume de votre main, et il est beaucoup plus puissant que ses prédécesseurs immensément plus grandes.

Il a été dit qu'il n'y avait plus de technologie mis dans un système de jeu Atari que il a été mis dans la première navette spatiale sur la lune. Maintenant, imaginez la quantité de connaissances est placé dans un iPod ou un téléphone intelligent.

Au début des années 1960, une vingtaine d'années après les premiers ordinateurs ont été faites, le gouvernement a pensé que ce serait cool d'avoir des ordinateurs de partout dans le monde de communiquer entre eux en temps réel. Ainsi, l'Internet ou un filet pour faire court est né. Bien que ce n'était pas jusqu'à la fin des années 1980 que les citoyens ordinaires ont pu communiquer sur le système mondial de réseaux d'ordinateurs interconnectés, l'Internet a certainement filé sa toile un long chemin en peu de temps.

Je me souviens pas si longtemps, aller à l'université et en tapant mes papiers et mes missions sur une machine à écrire. Quand j'ai découvert les erreurs grammaticales, j'ai eu à utiliser en blanc ou d'autres trucs à essayer de corriger les erreurs. Il s'est avéré normalement bâclée.

J'ai montré Tim Berners-Lee comment démarrer le web étonnant dans la fin des années 80. Parce que nous communiquions telepathetically (c'est comme ça que nous l'avons fait avant le web), je ne 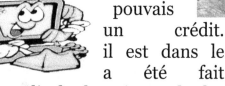 pouvais pas obtenir un crédit. Maintenant, il est dans le Hall of Fame, a été fait chevalier par la reine Elizabeth et je vends des

4

livres sur le train. Qu'on lui donne ses URL, HTTPS et HTMLs. Il peut avoir le World Wide Web, j'ai ce livre et votre argent. Demain, je prends dans le monde entier. Ou peut-être le mois prochain.

Aujourd'hui au moyen d'un ordinateur personnel avec la vérification orthographique, la peinture de Microsoft, et d'autres outils de traitement. Un écrivain médiocre comme moi, peut produire de grands textes de lecture de ce genre.

Sur la route, nous remémorer quelques gadgets qui sont venus le long avant que l'ordinateur est devenu si populaire. Etre qu'il n'y aurait pas d'Internet sans l'avènement du téléphone, nous allons avoir brièvement une discussion à ce sujet.

Beaucoup de grands hommes ont mis leurs idées en la création du téléphone, mais Alexander Graham Bell a été le premier à breveter son invention comme un "appareil pour transmettre des sons vocaux ou autres télégraphique." Par la suite presque tous les ménages américains a maintenant au moins un téléphone. Beaucoup de familles ont plus d'un. Au cours de sa métamorphose, ce

'New Age Telegraph' est en train de devenir notre ordinateur personnel comme le "jack" refuse de se limiter à simplement faire des appels téléphoniques.

Mon premier souvenir de téléphones mobiles remonte à la série 70 de télévision intitulée 'Maxwell Smart' où le personnage principal remettrait en base de la maison sur sa chaussure. Sa chaussure était un téléphone. Avec cette pensée en jeu, je dois donner accusé de réception au téléphone à cadran, je pense que c'est beaucoup plus amusant que le bouton-poussoir. Toute personne née après les années 80 tout simplement pas comprendre. ☺

Sauf si vous aviez une voiture avec un téléphone dedans, il ya 25 ans nous avons assez

bien eu que des lignes terrestres. Cela signifie que nous avons fait tous nos appels téléphoniques, des téléphones cellulaires qui ont été connectés au mur à la maison, au travail ou à un téléphone payant. La plupart des fils qui nous reliés entre eux étaient souterrain ou aérien.

La fin des années 80 à début des années 90 nous a apporté le signal sonore. À une époque où les médias ont été  vantant 'sauvageon' comme un problème grave, seuls les médecins et les criminels avaient buzzers, prétendument. Néanmoins, il ne fallut pas longtemps avant tout le monde et leur maman a eu un. Peu de temps après buzzers étaient au sommet de leur utilité et de la  popularité, les premiers téléphones cellulaires sont apparus sur le marché.

Ordinateurs ont évolué dans des emballages plus petits et, inévitablement, ont rencontré le  téléphone cellulaire. Il se maria et eut de beaux bébés hybrides qui a pris des photos et ont joué de la musique. Leurs enfants ont fait les textes ci-dessus, ainsi envoyées / reçues, vérifiées et e-mails ont navigué sur Internet. Bientôt, il y avait descendants avec GPS, enregistrement vidéo, jeux vidéo et bien d'autres fonctionnalités.

Maintenant, je peux frapper à n'importe quelle adresse dans le monde et à travers les merveilles de satellites et de vidéo, vois ce qui se passe là-bas en temps réel. Donc, chaque fois que je suis sur l'enregistrement d'une demoiselle  en détresse ou sur les mers sur une mission top secrète, j'ai souvent Google Earth ma hotte de voir ce qui se passe dans le Boogie Down ou mon village dans le village. Peu importe où je suis. Tout sur mon téléphone, et à cause de la web incroyable.

Note de l'auteur: Les téléphones cellulaires sont devenus si sophistiqués que je peux "carré haut" et prendre les paiements par carte de crédit pour ce livre. Sera-ce Mastercard, Visa ou Paypal?

AND TEXTING

Il était une fois, nous avons communiqué entre de grandes distances en écrivant des lettres. Cependant, cette forme de converser archaïque était très frustrant car on ne savait jamais si leur message sans importance serait reçu jusqu'à ce qu'ils reçoivent un aussi sans importance mois de correspondance plus tard. Ainsi, le mot 'postal' a été formé et le transporteur de les mauvaises nouvelles ont été appelés 'postiers'. Certains d'entre eux travaillent encore aujourd'hui.

Actuellement, la plupart d'entre nous reste en contact avec les SMS et e-mail. Court pour le courrier électronique, l'e-mail a changé la façon dont nous communiquons les uns avec les autres de manière drastique. Beaucoup de gens préfèrent maintenant de communiquer par voie électronique plutôt que de parler ou de faire une visite personnelle. Envoi de messages par facebook, kik, Instagram, tumblr, et envoyer des SMS par téléphone portable est fondamentalement la même que l'envoi d'un e-mail.

Les premiers systèmes de messagerie électronique nécessaires à la fois le créateur et le destinataire d'être en ligne en même temps. Quelques-uns des sites populaires de messagerie instantanée nécessitent encore aujourd'hui. Certains sites donnent des informations beaucoup trop. Facebook vous indique à chaque fois qu'un de vos amis sont sur facebook afin que vous ne pouvez même pas se faufiler et être sur sans que les gens vous sachant sur facebook.

Heureusement, nous n'avons pas à être en ligne en même temps *pour moi de recevoir un message de quelqu'un que je n'ai pas parce que je ne crois pas qu'ils ont même envoyé un message et ils ont agi comme s'ils étaient tout cela,*  *mais maintenant que je suis un réserver à elles en essayant de holla. Pour de vrai?* S'il vous plaît excusez-moi, je m'égare. Notre e-mail et le système actuel de texte a été créé pour accepter, avant, remettre et stocker des messages pour nous. Comment merveilleux.☹

Premier message de texte du monde a été  envoyé à partir d'un ordinateur à un téléphone portable sur 03 Décembre 1992 On peut y lire: "Joyeux Noël" et il a révolutionné la façon dont nous communiquons. Encore plus étonnant, une toute nouvelle langue, constitué d'abréviations et de codes a été créé. Certains de mes préférés sont:

Hook up? - ?^
Anyplace Anytime Anywhere - A3
Have a nice day – HAND
See you – C U
Tonight - 2nite
Agree to Disagree - A2D

Too Cute - 2QT
Mom - 303

btw - by the w
brb - be right back
tty l - talk to you later
lol - laugh out loud
2day - to day

AT - @
Tears in my eyes – TIME
Sealed with a kiss – SWAK
Chicks – CHX
ForEver And Ever - 4EAE

Had a gr8 time tnx 4 ur present. C u 2mrw :)

To You Too - 2U2
So what's your problem – SWYP
Second – SEC
As soon as possible – ASAP
Oh my God – OMG
Hugs and kisses – XOXO aka HAK
You're on your own – YOYO
Great – GR8
Keep it simple stupid – KISS
stfu - please be quiet
At the moment – ATM
Parents are watching – PAW or PW
Such a laugh – SAL
Random act of kindness – RAK
Please reply – RSVP
Cool story bro – CSB
Are you stupid or something – AYSOS

Thank you - 10Q

One to one -   121
I love you - 143
I Love You Too - 1432
One for All and All for One - 14AA41
I hate you - 182
Twenty Four Seven - 24/7
To Be Or Not To Be - 2B or not 2B
Too Busy For You Cutey - 2BZ4UQT
To die for - 2d4
Today - 2day

As far as I remember – AFAIR
love - luv
Thanks – THNX or THX
Today – 2day
Before – B4
Too Good To Be Forgotten - 2G2B4G
Too Good To Be True- 2G2BT
Tomorrow - 2moro
Parent is watching - 9
Parent is no longer watching - 99

Hi! Wot RU doing 2nite?
10:36, 11 Oct

Sitting on the sofa. LOL!
10:39, 11 Oct

LOL! Have fun. C U 2mrw
14:38, 11 Oct

I'm gone - ::poof::
I have a question - ?
American Association Against Acronym Abuse - AAAAA

Il ya beaucoup de raisons pour lesquelles  quelqu'un voudrait d'utiliser des abréviations. Envoyer des SMS longs messages peut ajouter des frais supplémentaires à votre projet de loi et peut parfois devenir complexe sur un clavier de téléphone minuscule. Elle ne nécessite pas l'expéditeur d'être une grande orthographe. En fin de compte, c'est juste beaucoup plus de plaisir à communiquer dans les codes.

Récemment, j'ai pris ma grand-mère dans un restaurant chic. J'ai soudain remarqué que la moitié des personnes qui auraient été en appréciant le repas en face d'eux, ont plutôt été griffonner sur leurs gadgets  électroniques. Puis à droite au milieu de notre repas, ma grand-mère sort son mytouch et commence à envoyer des SMS. Se sentant ignoré je n'avais pas le choix mais pour transporter mon téléphone et vérifier ce qui est nouveau sur WorldStar et youtube.

J'ai même amené mes enfants au cinéma et 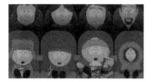 les huit d'entre eux, à l'exception des deux bébés sorti leurs ipods et a commencé à  envoyer des SMS. Je reçois dans le train et personne ne me remarque, car un groupe de mariachis joue, les enfants sont métro danse / acrobatie et / ou de la musique est dynamitage dans leurs oreilles ou leurs visages sont collés à leurs comprimés 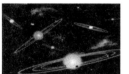 tandis que quelqu'un qui porte en verre de google filme tout. Le web a pris dans le monde entier.

Certaines personnes seraient littéralement folles s'ils ne pouvaient pas obtenir leur dose quotidienne d'interaction internet. D'autres ont construit de faux mondes autour de leur façade Internet. Il ya ceux comme moi qui utilisent uniquement le Web pour de bon. Mais que ce soit bon ou mauvais, toujours se rappeler que l'Internet est toujours.

Ce n'est pas très difficile de se perdre dans l'univers numérique de relations et de divertissement. Il est probablement plus facile de taper un message à quelqu'un plutôt que de les appeler et leur parler. Si votre petite amie est en colère contre vous et elle ne veut pas vous parler, vous pouvez  son texte une belle excuse. I Le texte de mon bébé tout le temps.

Une chose très spéciale que le courrier électronique et SMS a fait pour nous, c'est aider  l'environnement. Lettres, factures (rémunérés et non rémunérés), les chèques de paie, de la musique, et bien plus encore sont désormais traitées électroniquement. En raison de l'évolution dans la façon dont nous communiquons, le besoin de produits de papier a baissé. Par la suite, nous n'avons pas besoin d'abattre autant d'arbres. Peut-être que la terre a une chance, après tout.

 L'email a certainement eu un impact fortement sur la façon dont nous faisons des affaires et la façon dont nous cherchons pour le travail aujourd'hui. Retour dans la journée, nous avons dû aller à l'endroit où nous voulions travailler et remplir une demande. Aujourd'hui, la plupart des emplois, vous demandent de leur envoyer un CV plutôt que de simplement venir pour une entrevue. Après, ils  examinent vos informations d'identification sur l'ordinateur, ils décident qu'ils veulent un face à face de vous rencontrer ou non.

Toujours porter des vêtements appropriés pour le poste.

JAMAIS TEXTE ET LA COMMANDE!

LIVRES, DE L'ÉDUCATION, & INFORMATION

Il ya quelque chose qui a beaucoup de mots et est généralement écrit sur support papier. C'est ce qu'on appelle un livre et il devrait être mis sur la liste des espèces en voie de disparition. Les bibliothèques à travers le pays sont repeuplement livres de moins en moins, avec l'intention d'éliminer progressivement les livres physiques un jour. Beaucoup de librairies ferment et le livre papier est de devenir une chose du passé.

La bonne chose est que plus de livres sont publiés numériquement que jamais. Heureusement pour les arbres, la plupart des livres seront conçues et restent dans un état numérique. En cette ère de chambre limitée, il permet d'économiser beaucoup d'espace pour avoir un millier de livres au format de fichier d'un millier de livres sur les étagères de livres.

Les livres peuvent vous emmener n'importe où. Un de mes auteurs préférés Charlaine Harris a été cité comme disant: "Voici les livres, le moins cher des vacances, vous pouvez acheter." Je dis, "La lecture peut vous emmener au-delà des étoiles et de l'écriture peut apporter votre intérieur dehors." Je sais que c'est cliché, mais je l'ai fait jusqu'à.©

Il ya quelques milliers d'années que je marchais sur des montagnes avec un bouton de mine d'homme des cavernes quand nous sommes tombés sur un gros rocher. Je voulais marquer mon nom dessus, mais la peinture en aérosol n'avait pas encore été créé. Donc, je me suis inventé un ciseau et graffitis. Je me suis inspiré et assez faim pour faire le premier macaroni au fromage.

J'ai commencé à mettre mon étiquette sur tout ce que je pouvais écrire. Métal, argile, papyrus, pierre, parchemin, l'écorce des arbres et des tatouages de cours pour le bibliophile ou les fans de mon travail. J'ai même façonné les premières tablettes. Ce fut d'abord les mots mis sur bois, en cire, l'argile, la pierre ou le métal. Ensuite, il a été facile à avaler la pilule. Or, il est un ordinateur tablette ou simplement un comprimé.

Donc, nous allons parler de mon ennemi / ennemi juré, le e-book (même sous forme de comprimés). Une contraction pour le livre électronique, c'est un livre normal sous forme numérique. Il existe de nombreux formats différents (programmes) pour les ebooks, mais je préfère le format PDF car la plupart des appareils peuvent lire.

 Certains l'appellent la tablette d'un ordinateur portable d'une seule pièce. C'est souvent juste un écran avec deux boutons ou plus et toucher les zones sensibles pour les commandes et la saisie au clavier. Les comprimés sont très populaires avec Apple de vendre plus de 100 millions d'iPad dans le monde entier. Barnes & Noble, Nook et Kindle ont aussi très bien fait pour eux-mêmes.

De nombreux auteurs sont devenus extrêmement célèbre. Ils écrivent sur la participation des questions, la vente méga copies et deviennent aussi riches super. Je préfère vendre des livres sur le train. Et si vous croyez que j'ai un train # 9 Je tiens à vous vendre. Quelqu'un se souvient le train 9?

Les livres audio peuvent être beaucoup de plaisir pour quelqu'un qui aime écouter des histoires. Ils viennent dans une variété de catégories, comme fiction, spirituel, méditation, politique, comique et beaucoup beaucoup plus. J'aime ceux biographiques et historiques. Disons forfaitaire des livres audio et des ebooks ainsi que nous discutons de leurs avantages.

L'éducation est certainement l'un des plus grands avantages de livres audio et électroniques. Connu comme le e-learning, c'est l'utilisation d'un ordinateur ou de médias numériques pour faire avancer ses connaissances ou de l'éducation. Certains appellent cela l'apprentissage multimédia, technologie renforcement de l'apprentissage et d'autres noms basés internet / ordinateur. Par ailleurs, la plupart d'entre nous apprennent sur l'ordinateur sans même que nous le sachions.

E-learning ne doit pas se produire dans la salle de classe. Il peut être fait seul ou avec un instructeur en ligne. Il ya des classes avancées et classes de rattrapage, en plus de tous les niveaux de diplômes, licences et certificats.

L'apprentissage électronique intègre divers types de technologies comme la vidéo, du texte, des sons, des images, des langues et des degrés de difficulté. Certaines personnes croient que ces nouvelles avancées dans la mise en œuvre de l'information fait chaque génération plus intelligents, d'autres pensent le contraire est vrai.

Tout le monde doit être préparé avec la connaissance fondamentale de la façon d'utiliser le web étonnante pour atteindre des objectifs éducatifs.

L'autre jour, j'étais avec mon compagnon de cellule et nous avons trouvé un vieux jeu de Uno caché dans un trou secret que quelqu'un essayait de s'échapper dans (ou sur). Nous n'avons pas eu les instructions pour le jeu afin que nous les recherché sur Google. Après avoir joué Uno nous avons pratiqué mouvements de karaté que nous avons appris sur YouTube jusqu'à ce qu'il soit temps de manger. Je m'ennuie que chow de prison. Les cuisiniers ont vraiment mis le pied dedans.

L'éducation peut vous aider à garder hors de prison. Et le web étonnant a beaucoup de façons que vous pouvez apprendre à mieux vous-même. L'Internet peut vous apprendre à faire n'importe quoi. Même jouer d'un instrument. Je ne sais pas comment faire participer tous les instruments, mais je peux jouer la radio très bien.

Nous devrions avoir plus de cours de musique pour nos jeunes. Heureusement, il existe de nombreux sites avec des tutoriels vidéo qui peut vous apprendre à jouer presque n'importe quel instrument. YouTube a probablement la plupart des tutoriels sur apprendre à jouer d'un instrument, chanter, danser ou d'agir. Si vous voulez apprendre à lire la musique ou jouer à une certaine chanson, la quantité de ressources postée sur YouTube est stupéfiante.

Il y a beaucoup d'autres endroits sur le web qui donnent une grande idée de combien de temps et d'investissement doit aller dans un instrument particulier afin de le maîtriser. Zebra Keys, Jamorama, 411 Drums, wikiHow et payer les pots cassés ne sont que quelques sites qui peuvent vous aider.

Il a été dit que ceux qui peuvent le faire, le font. Ceux qui ne peuvent pas, enseigner. Il y a de nombreux enseignants sur de nombreux sujets qui prétendent être la vraie chose. Le problème est que certains de ces enseignants n'ont pas toujours leurs faits. Un homme sage peut être un imbécile, mais un imbécile peut être un homme sage? Comme mon cousin Nas dit "difficile de ..C'est pour le grand à dire quelqu'un à être grand." (Let Nas bas Remix)

Heureusement il ya quelques excellents sites 'comment' et Village Expert est l'un d'entre eux.

Ils sont allés schizo avec 'comment faire' des vidéos. La dernière fois que j'ai vérifié, ils avaient environ 140.000 vidéos téléchargées. Leur succès est un premier exemple de l'énorme demande pour ce type de ressource Web.

Information

Blogs & Speed

Il n'y a jamais eu un temps que l'information

a été en mesure d'aller plus vite et plus loin. Un avion s'est écrasé à New York et un survivant était sur twitter quelques minutes après que l'avion est descendu. D'autres

célébrités trouvent un public ou 'suiveurs' que jamais. Les téléphones appareil photo peut enregistrer l'événement et le mettre dans le netasphere © (j'ai fait jusqu'à ce mot) plus rapide qu'un nouvelles van peut y arriver.

Une force qui relie plusieurs milliards ordinateurs dans le monde merveilleux web peut. Rassemble les gens instantanément qu'il fait. Un réseau de réseaux, il est. Voyager littéralement à la vitesse de l'information lumière.

Juste après avoir donné Perez Hilton une confiture d'oeil (plus tard nous avons fait jusqu'à), il a pris une photo de lui et l'a affiché sur le net. Les gens étaient blogs à ce sujet minutes après c'est arrivé. Court de web log, les blogs sont comme des journaux partagés avec le monde. Pourtant, vous pouvez rendre votre blog privé si vous le souhaitez. Si vous pouvez envisager le privé web à tous.

s Les vitesses de transmission ou téléchargement des données a considérablement augmenté au fil des ans. Il fut un temps où l'on pouvait aller prendre un café, retourner au bureau et l'ordinateur seriez encore envoyer ou de recevoir la même information que vous travaillez sur avant votre départ. Maintenant, les vitesses sont ultra rapide, et il est possible d'envoyer jusqu'à "100 milliards de mégabits d'information par seconde." C'est assez rapide pour envoyer des centaines de films de l'autre côté du monde en une seconde. Plus rapide que Jesse Owens l'exécution du tableau de bord cents pouces, mais pas plus vite qu'un blogueur avec un but.

Histoire & Médias

Je suis devenu un fan de tous les types de musique dans les années 70 et 80. Ma mère avait beaucoup de dossiers de 12 pouces et 45 pouces autour de moi à détruire pendant que j'essayais d'apprendre à gratter dossiers comme Grand Master Flash. J'appelle cette époque, les années de l'album mais 8 pistes étaient trop cool. À vrai dire ma première voiture avait un lecteur 8 pistes mais ne me juge pas à cause de cela.

Comme le beurre d'arachide et confiture, je crois que la musique et la danse vont ensemble. A quoi bon la musique s'il n'y a pas quelqu'un qui se déplace à leur âme par elle? Excellente musique produit un mouvement dans le cœur ou l'esprit, ou les deux. La capacité à produire de la bonne musique est certainement un cadeau.

L'art de la chanson se trouve tout au long de l'histoire, partout dans le monde. Il est probable que tous les peuples du monde, ainsi que des groupements de  famille les plus éloignées, ont un type de musique qu'il produit. Il a fait  partie de la vie pour au moins 100.000 ans et la première musique a probablement été créé en Afrique, puis a  continué à devenir essentiel à presque toutes les cultures existence.

Il existe de nombreux

instruments et des sons différents utilisés par l'homme dans le monde entier. Plus que probablement la voix humaine a été le premier instrument de musique. Le larynx peut produire une variété de sons du sifflet, en fredonnant, d'étouffement, de crier, de chanter, rapper et beat boxing. La voix humaine peut être séduisante, exigeante, mélancolique et parfois irritant. Certaines langues, même le son smore mélodique que d'autres.

La musique populaire est formé par tous les autres aspects de cette société comme la

politique, les degrés de pauvreté, l'accès à l'équipement, et les médias. La musique est le reflet des émotions et des attitudes de l'époque ou l'air du temps. Cela inclut artiste, écrivain et la réponse des auditeurs. Le web donne ventilateur performant et un

endroit sûr pour se rencontrer et maintenir les ventes de disques en cours. Comme leurs parents, mes parents se sont plaints au sujet de mes choix d'écoute de musique. Et je critique la musique mes enfants sont friands. En attendant, la nouvelle génération est inondé de musique nouvelle et ancienne.

La musique est une partie de la vie pendant les périodes bonnes et dures. Quand une personne

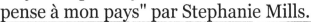

se sent vers le bas et entend leur "jam" à la radio qu'ils ont commencé à se sentir mieux. Mais quand une personne est dans un état mélancolique, une chanson d'amour peut les faire se sentir pire. Un peu de musique rend les gens veulent se battre. A ce jour, je pleure toujours quand j'entends la chanson 'Quand je pense à mon pays" par Stephanie Mills.

Il ya plusieurs années un dispositif appelé DAT peur l'industrie du disque à la mort, car il a la capacité d'enregistrer avec une clarté numérique. Chaque fois que l'enregistrement ou la copie se fait sur une machine DAT son reproduit est une copie ou clone copie exacte de l'original. Beaucoup de sociétés

de musique craignent que le dispositif serait plus facile à produire d'excellentes copies de la jambe de démarrage de leur artiste et leur faire perdre de l'argent.

On s'attendait plus petits et sonne mieux, bandes audio numériques (DAT) pour prendre la place de cassettes audio. Cependant le format n'a jamais été largement acceptée par les consommateurs et le CD ou Compact Disc a pris sa place de popularité. Néanmoins, il  existe quelques ingénieurs du son qui utilisent encore des DAT.

CD sont actuellement le moyen le plus traditionnel pour acheter de la musique. Ajoutez à cela l'avènement de l'Internet incroyable et le monde de la musique a beaucoup plus à vous soucier que les enregistreurs DAT. CD en vente de sont un lent déclin, car plus la musique est numérique acheté tous les jours. Avec juste un clic de bouton, vous pouvez télécharger instantanément votre chanson préférée. Étonnamment, disques vinyles ont été en appréciant un renouveau surprenant.

Avance rapide phonogrammes dernières, disques vinyles, cassettes,  cd et on se retrouve avec le format le plus populaire de la musique d'aujourd'hui, le format mp3. OMG comment j'aime mp3 Alias MPEG. Conçu par le Moving Picture Experts Group, est un  format auditif universel pour écouter de l'audio. Le mp3 a été développé pour rendre les fichiers musicaux de plus en plus facile de passer d'un périphérique à un autre. Il est l'(HNIC) standard de facto de transfert audio numérique, le stockage et la lecture de musique sur la majorité des appareils électroniques que nous achetons aujourd'hui. Toute la musique peut maintenant être transférées numériquement en mp3 sur la plupart des ordinateurs et envoyés n'importe où sur le web peut aller sans perte de qualité du son.

Il fut un temps où Disc Jockeys ont dû obtenir de l'aide portant les équipements et le lait des  caisses de documents dont ils ont besoin pour balancer une partie. MP3 peut stocker énorme quantité de données audio (chansons) sur des dispositifs très décoratifs. Il est maintenant possible pour un DJ de réaliser eveything nécessaire de mélanger une partie dans un sac à dos.

Mp4s contiennent compressés vidéo avec audio et permettent aux DJs de devenir VJ (vidéo-jockeys) et lire des vidéos que s'opposer à tout audio. Technologie Mp4 nous a aussi donné la possibilité de transporter beaucoup de films sur les petits appareils, ce qui en vhs et dvd collections presque obsolète.

Tous les jours il ya plus de musique, anciens et nouveaux, en cours de téléchargement sur le Web incroyable. Cela nous donne un accès instantané à de grands discours, des publicités, sitcom thème de la musique et des jingles. Vous pouvez même profiter de sons de méditation, les entraîneurs de motivation, et des livres audio.

Si vous ne pouvez pas me rappeler le nom du morceau que vous cherchez, il ya des sites où vous pouvez fredonner la mélodie et ils peuvent vous dire le nom. Il ya aussi une application qui peut entendre une chanson pendant quelques secondes, et vous dire le nom de la chanson et l'artiste. Vous bénéficiez également de la possibilité de télécharger (acheter).

C'est arrivé il ya quelques années quand je l'habitude d'entendre de la musique (radio, club, voiture à cheval par un système en plein essor) et je me demande quelle était la composition en cours de lecture. À l'époque, je n'avais aucun

moyen de le savoir, alors je suis allé à Londres (j'ai de l'amour pour le Royaume-Uni) et j'ai obtenu mon équipe ensemble. Avery Wang, Chris Barton, Dhiraj Mukherjee, Philip Inghelbrecht et je pris l'avion pour l'Amérique et créé Shazam. Sur la base de ce qui est connu comme une empreinte digitale acoustique, vous pouvez maintenant activer l'application sur votre téléphone lorsque vous entendez un certain nombre (chanson) que vous aimez et que vous voulez plus de détails à ce sujet.

Malheureusement téléchargements illégaux ont coupé dans les poches profondes de

excutives de musique qui saignent nos artistes préférés sécher avec des contrats mal rédigés et les promesses de la vie luxueuse. D'un autre côté, l'Internet a permis à des artistes relativement inconnus la possibilité de promouvoir leurs compositions et faire très bien. Dans le marché de la musique conduit de

ce single, tout ce qu'il faut, c'est une chanson à succès de vous faire une superstar. Aujourd'hui, les gens sont plus enclins à acheter (ou voler) une chanson d'un artiste qu'ils aiment par opposition à un album entier. Et ils sont susceptibles d'acheter (ou voler) une copie numérique téléchargé.

NE PAS VOLER LA MUSIQUE.
FAITES VOTRE PROPRE.

& **CLUBS** & S

Je n'ai jamais rencontré quelqu'un sur Internet et ensuite sur une date avec eux. J'ai cependant sorti sur les dates, puis découvert grâce à l'internet ce que une date 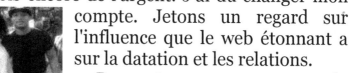 moche j'étais. Récemment, j'ai réunie avec un aquiantance passé. Il m'a traqué sur mingle chrétien et immédiatement laisser me dire que je lui dois encore de l'argent. J'ai dû changer mon compte. Jetons un regard sur l'influence que le web étonnant a sur la datation et les relations.

Rencontres est une sorte de cour où les gens passent du temps ensemble. L'objectif de la rencontre est d'évaluer convenance de l'autre en tant que collaborateur dans une relation intime ou comme un conjoint.

Nous utilisons pour sortir avec des personnes, nous sommes allés à l'école avec ou rencontrés au supermarché, beaucoup de gens se réunissent maintenant sur le web incroyable.

L'Internet a changé le visage de la datation et les relations que nous les avons connus. Il est de plus en plus difficile de mentir à votre conjoint au sujet de où vous êtes parce suivi global peut cerner le point exactement où vous êtes. Grand frère regarde.

Si vous êtes à la recherche d'un partenaire, vous devez sortir et rencontrer quelqu'un. La tâche n'est pas facile, mais il ya des façons de se familiariser avec un autre. C'est à côté du clubbing homme des cavernes, il ya blind dates, petites annonces, la télé-réalité, le meilleur amis cousine, romances de bureau, les réseaux sociaux, speed dating, et plus encore. Juste pour vous aider à obtenir le long, il ya 1,000 's de sociétés du monde entier qui offrent des services de rencontres.

Il était une fois un spectacle populaire à la  télévision appelé "The Dating Game". Ce spectacle était semblable à la rencontre sur Internet, dans le sens que vous ne savez pas vraiment qui vous interagissez avec. Ils peuvent dire qu'ils sont vieux et être jeune, être un garçon et une fille fait être, disent qu'ils vivent dans une grande maison, mais vraiment être incarcérés dans 'la grande maison'. Ce n'est pas dire qu'il n'y a pas des gens honnêtes sur le net, parce que le vrai amour est bel et bien là été trouvé.

L'Internet combine les avantages de la poste, le téléphone et la vidéo. Certains croient que ce type d'interaction, il est plus difficile pour les gens d'avoir de vraies  relations interpersonnelles, car sans le langage du corps, des indices, des pauses ou des gestes, il est difficile de dire ce qui est réel. On estime que les techniques soucieux de leur sous, comme à tour de rôle, hochant la tête, ou étoffe sons de l'accord sont souvent absents quand coversing sur Internet.

Lorsque vous interagissez avec quelqu'un en personne, plus la communication est non verbale. Les participants à la messagerie instantanée de type souvent sur eachothers messages sans attendre un signal de taper. Et  sans grammaire, le ton ou le contexte, les mots peuvent être mal interprétés grandement.

Toujours à l'Internet relie les gens ensemble qui pourraient ne pas avoir été en interaction les uns avec les autres par des moyens précédents. Les grands-parents sont en mesure de frapper leurs petits-enfants sur facebook et les amoureux perdus peuvent être recherchées pour des bases de données de partout dans le monde. Il ya une femme qui a récemment  trouvé sa fille sur un site de réseau social après plus de 20 ans. On peut même retrouver leurs racines familiales et trouver des choses sur leur ascendance qu'ils ne savaient pas.

Une première date peut être angoissant. Quand un nouveau couple est en privé ou à l'extérieur, ils peuvent se laisser prendre à décider de devenir intime ou pas. C'est pourquoi je déteste les PDA (démonstrations publiques  d'affection), car il me rappelle à quel point je suis seul. Ils cherchent à eachother avec les yeux ou des lunettes Google et d'évaluer si oui ou non ils font un bon ajustement, alors que je suis assis tout seul. Demandez une chambre.

Si vous voulez vraiment un conjoint, vous  devrez probablement obtenir un emploi parce que le travail est considéré comme l'endroit le plus fréquent de rencontrer une autre moitié potentiel. Malheureusement emploi lié roman n'est pas toujours ce qu'il est fissuré à l'être. Un aspect négatif de bureau datation est-ce une mauvaise date peut conduire à une "déconfiture de bureau" ou des gens qui disent "Akward". C'est la raison pour laquelle le  cyberespace est en train de dépasser le lieu de travail comme lieu d'introduction et de séduction.

Avec l'augmentation de la qualité et de la régularité de l'interaction, le Web est devenu une force toujours présente (omniprésent) dans nos vies. Il est facile de 'Poke' numériquement ces jours quelqu'un, mais cela ne signifie pas que lorsque les gens se réunissent sur le net tout se passe bien. Certains doivent apprendre une bonne rencontre sur Internet étiquette parce qu'ils ne savent pas comment agir ou sort.

Il ne fait aucun doute que d'apprendre à se comporter sur 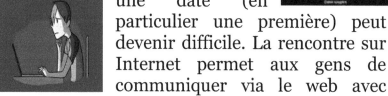 une date (en particulier une première) peut devenir difficile. La rencontre sur Internet permet aux gens de communiquer via le web avec l'espoir de monter une spéciale, ou d'aimer lien. Dans le passé, que nous utilisons pour écrire des lettres d'amour à communiquer ce que nous ressentions. Cela pourrait prendre un certain temps et si vous avez l'écriture bâclée, pas l'air si

bon. Puis nous sommes devenus capables de simplement tendre la main et toucher quelqu'un avec le téléphone. Maintenant, grâce à des sites de rencontre et la vidéo, nous pouvons être séparés par de grandes distances de miles et être encore capable de voir et de parler avec notre partenaire potentiel en temps réel.

Pour certains, la rencontre sur Internet est nouvelle et ils approcher avec crainte. Heureusement, le net offre de nombreuses

sources pour obtenir des conseils sur cette question. Vous pouvez savoir où aller, quoi dire, quoi ne pas dire, quoi porter, comment flirter, comment mettre fin à une date, et des approches différentes en ce qui concerne les premières dates par rapport à des dates ultérieures.

Un grand nombre de sites de rencontre prétendre être libre. Ils permettent ventouses potentiels, je veux dire dateurs de télécharger des photos ou des vidéos d'eux-mêmes et parcourir les photos et vidéos des autres. Néanmoins, avant d'obtenir l'email de la personne dont

la vidéo que vous voulez, vous devez soumettre ID et bien sûr un numéro de carte de crédit. Vous pourriez sortir de ne pas être facturé si vous ne trouvez pas quelqu'un que vous aimez, mais ils ont encore besoin d'avoir votre information au dossier au cas où.

Streaming vidéo a commencé en 2005 et partage vidéo est un phénomène mondial. Les sites de rencontres ont considérablement profité depuis image et téléchargement de vidéo est devenu si facile. Pour un bon nombre de profils individuels, des vidéos et des photos sont même essentiels pour devenir un membre.

On croyait que seul le 'désespérée' et 'ringard' ressemblerait à l'internet pour l'amour. Maintenant il ya des sites de rencontre pour toutes les races, de religion, et de préférence. Il devient de plus en plus fréquent de trouver des couples qui se sont rencontrés par le biais des canaux en ligne. Beaucoup sont heureux ensemble.

Il n'y a probablement pas de relation plus sûr que d'une relation d'Internet, parce que vous ne pouvez pas être blessée physiquement la vérification des emails. Mentalement, il peut être très dommageable quand vous trouvez les mans beaux image que vous tombé en amour avec n'est pas la même

personne qui a décidé de frapper à votre porte sans y être invité. Tout est juste dans l'amour, la guerre et sur l'internet.

Il ya beaucoup plus de relations d'Internet que de datation. Jeu de rôle de RPG ou de jeux sont en ligne qui amènent les joueurs de partout dans le monde ensemble. Les concurrents du monde entier ont la possibilité de rivaliser avec eachother sur le net. Certains jeux permettent même de challengers voient et parlent claque à l'autre tout en jouant contre l'autre.

Jeux sur Internet se font de nouveaux amis possible. Ils apportent les opposants de tous âges, races et sexes ensemble. L'utilisation de plus gamer un alias. Avec une identité cachée, les utilisateurs en ligne peuvent être qui ils veulent être. Même un héros ou super super-méchant. Il ya aussi des tournois de jeux Internet et joueurs des clubs.

Il existe de nombreux types de clubs. Il ya le club de golf, le club sandwich, le pied de club, clubs pour les personnes, les clubs pour les chiens, les clubs pour les personnes avec des chiens et un tas d'autres clubs. Le type spécifique de club, nous mettrons en vedette est le club internet, ou des groupes qui partagent un intérêt commun et discuter de questions communes à une URL commum.

Depuis le début des temps, il ya eu une nécessité pour les personnes ayant un intérêt commun pour être en mesure de réunir, malgré avoir de lien de sang d'affiliation. Un club est créé lorsque deux ou plusieurs personnes s'unissent par des aspirations ou des préoccupations communes. Il a toujours été un besoin de s'unir sous un but commun. Les gangs peuvent parfois être considérés comme des clubs.

Sites de réseaux sociaux apportent comme les individus occupés ensemble. Pour certains, leurs amis en ligne sont les seuls amis qu'ils ont. Ils peuvent tomber dur quand quelqu'un prend leur amitié loin, puis les bloque à partir d'autres communications. Toujours la recherche continue que les utilisateurs recherchent de nouvelles connexions en fonction de l'endroit où vous vivez, ce que vous êtes allé à l'école et combien d'argent vous faites. Bonne chance pour trouver votre grand amour. Vous devez penser que vous êtes Shrek.

Il ya religieuse, la couleur, la musique et d'innombrables autres groupes de réseaux sociaux. Tout ce que vous êtes en, vous pouvez trouver un groupe avec intérêt comme. Et si vous ne parvenez pas à trouver le groupe que vous cherchez, vous pouvez créer votre propre.

Deux sous-produits indésirables de toutes ces  relations florissantes sur Internet sont la cyberintimidation et le cyber-harcèlement. L'utilisation de la communication électronique d'intimider ou de menacer la cyber-intimidation. Moyens de Cyber-harcèlement à cacher votre véritable identité et se trouvent à votre nouvel ami en ligne au sujet de qui vous êtes vraiment ou vos véritables intentions. Ce sont des crimes, et les gens ont été mis en prison pour les violer. (plus sur cela plus tard)

Un ou une enquête de fond est la pratique de la collecte des dossiers d'une personne ou d'un groupe. Souvent demandé par les employeurs, des vérifications des antécédents vérifier les informations sur le passé criminel, de crédit, de caractère et de nombreux autres aspects de la vie d'une personne. Cela permet aux entreprises de choisir le meilleur candidat en perspective. Et avec le effeciency information accrue est la chance que tout ce que vous avez fait depuis scool de qualité est documenté sur la magnifique web. Grand frère regarde.

Il existe de nombreuses ressources pour trouver des propos de quelqu'un, mais beaucoup de gens ont mis leur entreprise là-bas pour tout voir sur facebook de toute façon. Si vous utilisez un alias et obtenez des messages haineux, ils vous détestent ou la personne que vous semblant d'être? Avec d'autant plus d'information mis sur Internet, vous pouvez maintenant vérifier un potentiel compagnons fond avant d'aller sur une date. Vous pouvez savoir où ils vivent vraiment, allé à l'école, et travaillé. Vous pouvez également savoir combien de marraiges ou des billets de stationnement qu'ils ont, et bien plus encore.

Prédateurs sexuels condamnés doivent s'inscrire et faire savoir à tous via Internet, qui ils sont et où ils vivent. Ajouter ADN et des empreintes digitales à la banque virtuelle et il devient de plus en plus difficile de s'en tirer avec n'importe quoi de nos jours.

Pas infaillible, il ya ceux qui sont de trouver un moyen d'esquiver le système. Mais en raison des lois comme le projet de loi Brady vous ne sont pas censés être en mesure d'acheter une arme à feu sans subir une vérification des antécédents exstensive, empêchant ainsi les gens qui ne devraient pas avoir une arme à feud'obtenir un.

Les gens utilisent également le Web ou sur Internet étonnant de trouver des choses sur leur généalogie. La généalogie est le tracé de ceux lignée et descendance. C'est epecially utile pour ceux qui veulent connaître leurs racines. Il peut également aider à régler les différends juridiques comme avec le cas de notre 3e président des États-Unis Thomas Jefferson. Des tests d'ADN a montré qu'il a engendré des enfants avec une esclave nommée Sally Hemmings.

43

Les empreintes génétiques, la dactylographie 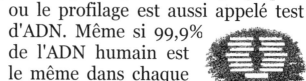 ou le profilage est aussi appelé test d'ADN. Même si 99,9% de l'ADN humain est le même dans chaque personne, cette petite différence a 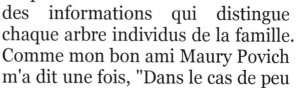 des informations qui distingue chaque arbre individus de la famille. Comme mon bon ami Maury Povich m'a dit une fois, "Dans le cas de peu de Bebe, vous êtes la mère." Heureusement, vous n'avez pas nécessairement besoin de l'Internet pour faire des tests d'ADN parce que vous pouvez maintenant entrer dans Duane Reade, Aide Rite ou Walmart,acheter un kit d'ADN et faire DIY (do it yourself).

Mon fils et moi

duane reade

RITE AID

Walmart

MOVIES

 Etre capable de regarder des films en ligne est l'une des choses que je préfère l'Internet. Le premier film ou des images animées était une séquence d'images que lorsque montré sur un écran, rend l'illusion d'images en mouvement.

Initialement enregistrée sur un film plastique et
montré à travers un projecteur de film, la

plupart d'entre nous portent
maintenant la possibilité de
regarder et / ou faire des films
dans nos poches.

Les individus
ont été performants depuis des
milliers d'années avant le
tournage a été créé. Scripts, les

acteurs, les costumes, le public, la production, et
des storyboards ont été autour pendant un
temps très long. Films sont devenus populaires
dans les années 1920, mais ils étaient purement
visuelle. Pas de son. Pourtant cela n'a pas
empêché Hollywood de faire de l'argent.

Les années 1930 ont mis fin à l'ère du cinéma
muet, et avec le son, les salles de
cinéma mis en écrans plus
grands. Films couleurs et des

capacités 3D sont arrivés peu après. Nous avons
pu apprécier les merveilles de la grande écran
blanc depuis, mais encore plus que nous avons
reçu la capacité de créer de grands moments à
l'écran nous-mêmes.

Le phénomène du film a ouvert la voie à la
possibilité d'apporter toutes les parties de cette
planète dans votre chambre à coucher. Il a

enlevé un nombre incalculable de baby-sitting emplois et fonctions parentales. Il nous permet de prendre soin plus sur ce qui se passe dans la vie des autres que les nôtres. Je fais référence à l'ensemble de la télévision. Maintenant, nous allons parler.

La télévision transmettent et reçoivent des images en  mouvement. Développé pendant la grande dépression des années 1920, la télévision est devenue une source numéro un du divertissement et de rapports. Il est monnaie courante dans les  maisons, les entreprises et les institutions, et il est devenu notre principal véhicule pour les nouvelles, la publicité et les loisirs.

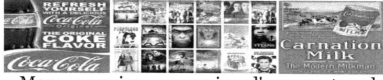

Mon premier souvenir d'un poste de télévision est une boîte en forme de cubes d'une antenne qui a dû être ajusté pour optimiser la qualité d'image. Nous n'avons pas encore les télécommandes, nous avons donc dû se lever pour changer de chaîne ou régler le volume. TV était également pas 24 heures, il s'en alla vers 2h du matin et revient sur tôt le matin.

Actuellement, nous avons la télévision par câble, télévision numérique, télévision haute  définition, et TV à écran plat de. Il ya littéralement des centaines de chaînes et je ne peux toujours pas trouver quelque chose à regarder. Par conséquent, je suis devenu un fanatique YouTube et junkie globale d'Internet. Je dois avoir ma dose quotidienne de Hulu et Netflix tous les jours.

Avant la télévision, 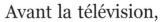 la radio et les journaux étaient les principales façons de desiminate informations. Lors de la télévision des années 1950 sont devenus les principaux façon dont les gens peuvent savoir ce qui se passait dans le monde. La télévision est devenue un outil essentiel du mouvement des droits civiques comme il a permis aux gens de partout dans le monde voir à quel point ceux qui voulaient juste égalité des droits étaient traités.

Jusqu'à ce que le nouveau Mellinium la plupart des téléviseurs utilisés transmissions similaires à celle de la radio. Cependant au cours des dix dernières années, la plupart des endroits transmettre numériquement. La radio a maintenant de nombreux numérique bien aimé (HD ou haute définition) stations, et la télévision par Internet est devenu très populaire.

COOKING

J'aime avoir des rêves de me manger quelque chose de délicieux. Il n'ya pas beaucoup que je chéris plus que la nourriture. Que manger dans la salle à manger ou le Russian Tea Room, j'aime plaire mon palais. Mon problème est que je suis rarement à sortir et profiter de la gastronomie. C'est parce que je cuisine si bon, quelqu'un veut toujours me faire cuire pour eux. Je vais vous laisser sur mon secret, il est appelé le web incroyable.

GRACE MENZIES

Il ya beaucoup de livres de cuisine et émissions de cuisine peuvent vendre assez bien, mais l'Internet a des vidéos qui peuvent vous montrer étape par étape comment préparer un plat particulier. À une époque où tout est instantané et portable, un bon repas fait maison peut frapper la tache. Plus il ya de nombreux avantages à la cuisson des repas vous-même.

Faire soi-même est probablement la façon la plus saine de manger et il pourrait vous faire économiser de l'argent sur votre facture alimentaire. Tout le monde veut être un invité à votre maison et vous n'aurez jamais une pénurie d'amis. Mais alors qu'est-ce que vous avez besoin de l'Internet pour?

Tout comme la musique, Operandis et composants modus culinaires diffèrent largement à travers le monde. Ce que vous mangez se traduit souvent par des traditions financiers, écologiques et culturels. En outre, tous les cuisiniers diffèrent dans la préparation et la capacité. A dit clairement, de la nourriture juste un meilleur goût que les autres.

Un peu après la création, parfois au milieu de l'évolution, j'ai décidé que j'avais besoin d'un changement de la norme. Les choses évoluent lentement et je voulais un peu d'excitation dans ma vie. Quoi de plus excitant que le feu? Cmon bébé allumer mon feu.

Une des choses qui me sépare des autres animaux, c'est que je prépare la plupart de mes aliments avec le feu avant que je mange. Eh bien l'utiliser pour être de cette façon, mais

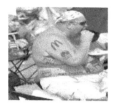 maintenant il semble que nous tout au micro-ondes. Personne ne veut attendre pour un repas, ils veulent la gratification instantanée. Certains croient que tous les aliments transformés et rapides nous nous adonnons à la cuisson a fait un art perdu. Je crois que tant que vous pouvez lire, possèdent une connexion Internet, et suivre les instructions, vous pouvez faire cuire n'importe quel plat.

J'ai dit à Bloomberg sur les aliments cuits et la saine alimentation. Il a pris ce que j'ai dit à cœur et la modification des lois pour nous de manger mieux et respirer de l'air propre. On était au frais jusqu'à ce qu'il a essayé d'enlever mon gros coup. Maintenant, nous avons un nouveau maire.

Politique

Qu'est-ce que je peux dire au sujet de notre gouvernement, sauf qu'ils ont été fermés quand j'ai commencé ce livre ce. Ne sont pas que des trucs? Toutefois, ce livre de poche n'est pas sur le négatif. Il est là pour accentuer les aspects positifs de la web incroyable. Et dans ce cas particulier, le Web incroyable et son influence sur politricks ... Je veux dire la politique.

 Avouons-le, la première course d'Obama en tant que candidat à la présidentielle

a changé le visage de la politique pour toujours. Le monde entier regardait et le président a profité de l'occasion. Twitter, Facebook, YouTube et moi-même, ont été dites avoir aidé le président obtenir sa victoire lors de ses deux campagnes. Bien sûr, je crois que j'ai été le plus influent.

Sites de médias sociaux, e-mails et les blogs ont eu une grande influence sur la politique. Bush, Gore, Clinton et McCain ont tous utilisé le web incroyable pour solliciter des fonds, séduire les électeurs et soulever des questions. Ajouter à la ligne streaming et Obama peut fixer ses promesses de campagne vivent sur Oprah alors qu'il est assis sur le canapé présidentielle.

Je me souviens avoir reçu un texte d'Obama qui a dit: "Dernières nouvelles: Barack Obama a choisi Joe Biden comme colistier" J'étais censé être vice-président, je viens de recevoir le vice. Comme le premier Afro-Américain à occuper le Bureau exécutif des États-Unis, mon bon ami et partenaire pique Barack (vous me dois encore de l'argent) a fait l'impossible à deux reprises. Il a obtenu la trésorerie de moi deux fois et n'a pas encore de payer. C'est deux fois impossible. Et il a remporté deux fois les peuples votes. Allez comprendre.

L'Internet a été utilisé pour aider à apporter des changements politiques partout dans le

monde. De l'Iran en Amérique du Sud et la Grande-Bretagne à Austrailia, avocats et politiciens utilisent les réseaux sociaux, la publicité site web, textes, e-mails et d'aller vers les gens qui partagent leur vision.

On a dit que "la révolution ne sera pas télévisée". C'est peut-être vrai, mais la révolution sera bloged, YouTubed, twittées, et Facebooked. Dans le contexte actuel "voir quelque chose, dire quelque chose" atmosphère, il ya des gens curieux partout en attente de prendre une histoire directement sur le Web. L'internet parle donc d'une manière ou d'une autre la vérité sortira.

Faire des Affaires à La Maison

achat / vente / offre

Beaucoup de gens ont décidé de faire la chose "Home Business". Souvent considéré comme une entreprise à domicile ou HBB, le démarrage d'une entreprise à domicile est devenu très populaire. Il a également fait des gens très riches. Je l'aime parce que je peux donner à mes enfants et les personnes âgées quelque chose à faire.

Sur le plan économique, une entreprise à domicile permet de réduire le coût de fonctionnement d'une entreprise traditionnelle. Avec une entreprise à domicile, il n'est pas nécessaire de louer une vitrine ou compter sur la publicité classique. Les réseaux sociaux sont utilisés pour faire passer le mot, au lieu de "coupeurs de route", ajoute dévorer tous les bénéfices.

Capable de toucher numériquement consommateurs du monde entier, HBBS peuvent  donner une expérience de magasinage opportun pour le consommateur. Mode, Voyage, divertissement, compagnons et plus peuvent être conçus pour combler les désirs des clients. Tout en répondant à quelques questions simples sur un site Web, les éléments peuvent être personnalisés pour répondre aux spécifications de l'acheteur. Clients satisfaits peuvent signifier plus d'affaires. Une fois fait correctement, le web étonnant peut améliorer de manière significative la ligne de fond.

Pour gérer votre entreprise correctement, il est probablement mieux d'avoir un ordinateur à haute vitesse avec des capacités téléphoniques, impression et fax. Un nom de domaine accrocheur peut contribuer à générer commerce aussi. Une dot com (com) court pour la société, peut être obtenu gratuitement ou assez pas cher. Il suffit de faire attention aux .bombs, .gones et .cons.

Je vérifie l'Internet pour tout ce que je veux acheter. J'ai toujours besoin de savoir si je reçois un prix équitable. J'ai demandé au gars sur le stand de nouvelles, "Combien pour le Twinkie?" Il a dit, "un dollar." J'ai cherché rapidement ebay pour twinkies pour m'assurer que je recevais un traitement équitable.

Achat et vente en ligne est appelé commerce électronique ou e-commerce. C'est lorsque les achats sont préparées sur Internet et les paiements sont effectués par l'ordinateur. La plupart des entreprises vendent maintenant leurs produits et services sur Internet, mais les plus gros vendeurs d'Internet sont Ebay, Amazon et Alibaba. Maintenant, vous pouvez vous baigner l'Amazonie, ou épouser une

amazone, mais il n'y a pas (pour autant que je sache) Amazon, eBay ou Alibaba magasin que vous pouvez marcher dans et acheter ce qu'ils ont à vendre en ligne. C'est parce que nous, les gens sont les commerçants et les clients.

Pour les dix dernières années, la disponibilité des achats en ligne a augmenté tremedously. Pas seulement pour les articles difficiles à trouver, des cadeaux, des livres et de l'électronique. Maintenant vous pouvez commander à emporter, transférer des fonds, faire des réservations et  bien plus encore. Société de peut aussi économiser de l'argent en vendant et achats en ligne pour les meilleures offres.

Une chose cool à propos de tout cela, c'est que presque n'importe qui peut ouvrir une boutique en ligne et avoir une vente de garage en ligne. Ce système élimine les intermédiaires, mais de nombreux sites vous facturera une commission ou de frais à vendre sur leurs sites. Cependant, il existe quelques sites en ligne gratuits qui vous permettront liste de vos produits ou services gratuitement.

Certains sites permettent adhérents potentiels à miser sur des objets vendus. C'est l'une des meilleures choses à propos de la vente en ligne. Cela donne potentiellement le vendeur une chance de maximiser les profits tout en donnant à l'acheteur la possibilité de payer un prix bas sur une affaire coûteuse / article.

Presque tout peut être vendu sur Internet. Les choses anciennes, de nouvelles choses, des objets rares et de collection. Il ya même des endroits où des choses est donné gratuitement. En général, ils ne demandent que vous veniez et obtenez. Si vous allez recevoir quelque chose, libre ou non, toujours prendre quelqu'un avec vous, dites à quelqu'un où vous allez, et n'oubliez pas de me faire quelque chose.

Fait intéressant, saviez-vous que vous pouvez vendre vos appareils électroniques cassées, les éléments indésirables, ou de vieux vêtements sur internet? De facebook à Craigslist, vous pouvez acheter ou vendre beaucoup de choses. Pour tous ceux qui aiment se surfer sur le web incroyable, il peut conntai des offres spéciales et beaucoup de plaisir.

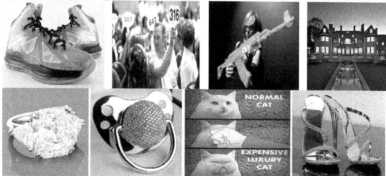

STOCKS and INVESTMENTS

ou actions et Bondage

 Depuis que j'ai aidé Al Gore découvrir l'Internet, capitaliste et financiers ont essayé de leur mieux pour faire de l'argent de lui. Faire des recherches sur la quantité de sociétés de revenus tels que Amazon, Apple, Google et Netflix font et vous comprendrez pourquoi. Je tiens également à souligner que, même si nous avons récemment passé par un déclin économique terrible et sont au cœur de la revitalisation lent, certaines entreprises Internet ont été et continue de croître à un 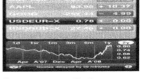 rythme record.

 Heureusement, le marché est ouvert à tous, et tout 'Joe moyen' peut faire des investissements sur Internet. Une personne peut faire beaucoup d'argent à investir dans les bonnes actions, mais beaucoup ont perdu les leur chemise avec de mauvais investissements. Une bonne chose à retenir est que les  stocks ne sont pas seulement des morceaux de papier. Acheter des actions des stocks peut vous faire copropriétaire dans ladite

entreprise. Collectivement, l'entreprise est détenue par tous ceux qui ont une part dans la société et chaque action représente une créance sur les actifs, les revenus et les pertes.

Il existe de nombreux types de stocks et non pas tous les stocks sont créés égaux. Lorsque les entreprises vont publique, les fondateurs font généralement plusieurs catégories d'actions. Certains stocks dans une entreprise coûtent plus  cher et donner plus de pouvoir au titulaire de stock. Certains sont conçus pour s'assurer les fondateurs détiennent sur le contrôle de leur entreprise. Beaucoup de gens ont fait de bons investissements. 50 Cent mettre de l'argent dans l'eau de vitamine et il a fait un  retour musclé. Il a juste bu trop de choses et de regarder ce qui se passe pour lui. (Je plaisante. C'est Curtis Jackson Alias 50 Cent en très émouvant rouleau agissant).

Un de mes acteurs préférés fait de grosses ventes au box-office, mais son investissement personnel d'une chaîne de restaurant PoFolks lui coûtent une grande partie de sa valeur nette.  Ajouter plus de mauvais investissements et un divorce coûteux à cela, et Burt Reynolds a dû déposer le bilan. Il semble que l'investissement est comme un coup de dés, les probabilités sont infinies. C'est ce que j'aime manger au PoFolk. Délicieux.

La majorité des actions qui sont achetés et  vendus sur les marchés boursiers partout dans le monde sont considérés comme des actions ordinaires. Parfois, chaque action est considéré comme un vote dans une société si la personne avec plus d'actions a plus de voix. Il n'y a aucune garantie que vous ferez un profit de votre stock commun, mais vous devriez avoir la possibilité de voter et d'influencer les décisions.

Selon le type de stock vous achetez ou achat, vous pouvez bénéficier avec un stock surhumaine force. Comme la classe A disponibles où vous pouvez obtenir jusqu'à dix  voix sur une seule part de stock. Imaginez si vous aviez un mille actions, c'est comme un gazillion votes. il leur faudrait toujours juste à compter em.

Actions avec droit préférentiel de souscription à dire que vous étiez là pour soutenir financièrement l'entreprise dans sa naissance ou la petite enfance. Cela vous donne des privilèges spéciaux et les connaissances initiales en stock avenir. En d'autres termes:

"Vous étiez là quand personne d'autre ne croyait en moi" stock. Ou "Tu me dois, parce que vous ne seriez pas où vous êtes, si ce n'était pas pour moi", me donner mon stock.

 Si vous voulez un paiement du dividende garanti, actions d'actions privilégiées sont pour vous. Presque comme les obligations, vous pouvez 'encaisser' quand c'est tout bon. Et vous aussi vous payée avant les actionnaires ordinaires. Toutefois les détenteurs d'actions privilégiées donnent le droit de vote.

Les stocks sont également des

 dispositifs qui ont été utilisés à l'échelle internationale comme une forme de châtiment corporel impliquant l'humiliation publique, surtout quand il se rapporte à l'esclavage africain. Les stocks se garder la perpertrator présumé partiellement immobilisé. Ils ont souvent été laissés de côté dans un endroit ouvert au public comme un centre commercial si chacun puisse les

voir et faire des commentaires désagréables. Presque comme un service de la communauté dans le but

principal de mettre quelqu'un en stocks dans le centre de la ville est de les humilier. Les citoyens sont invités à jeter de la boue, des œufs pourris, vieux légumes, le poisson puant, et les excréments à celui qui est puni. Faire quelque chose de mal et vos soi-disant amis peuvent être ceux de déféquer littéralement sur vous. Pouvez-vous croire que les adolescents d'aujourd'hui pensent qu'ils ont obtenu ce mauvais?

Les obligations sont certains des investissements les plus sûrs, on peut faire. Ils assurent qu'il n'y a pas de circonstances qui empêchent le titulaire de se faire payer des intérêts lorsque le paiement est dû. C'est la  sécurité de la dette. Une obligation est comme une reconnaissance de dette ou un prêt. Il est beaucoup plus sûr et certain d'un résultat, mais les obligations prennent plus de temps et donnent moins de rendement que les actions.

Gens ordinaires jouent le stock (coton) marché sur le web. Il est dit d'être intense, agréable, et parfois gratifiant. Maintenant, le gouvernement des États-Unis a sauté sur le train en marche. La seule façon que vous pouvez actuellement acheter des Obligations d'épargne des États-Unis est sur l'Internet. Il ya quelques lunes, vous deviez vous rendre à un syndicat ou de crédit bancaire pour obtenir un engagement des États-Unis d'épargne.

Qui gagne à ce transfert électronique des chances? Tout le monde. Le gouvernement économise près de 20 millions de dollars par an et le public a la possibilité de faire des investissements judicieux. Et que plus de gens prennent conscience de la possibilité d'acheter des obligations en ligne, le gouvernement va probablement faire beaucoup plus de profit.

Incidemment, il est d'environ 20 milliards de dollars en obligations non réclamées qui n'a pas  été encaissés. Peut-être que les propriétaires ne le savent pas ou tout simplement ne se soucient pas. De toute façon c'est de l'argent, je souhaite que je pourrais avoir.

Face à des obligations de papier, les obligations d'épargne électroniques sont disponibles à l'achat 24/7 (toute la journée). Et grâce à l'automatisation qu'ils se racheter automatiquement à l'échéance. Cela signifie que vous récupérez votre argent si vous le voulez ou pas. Faire pleuvoir.

applications, les codes QR, hashtags, Instagrams

Court pour une application une application est un programme informatiq ue qui vous le donne droit. Il suffit d'appuyer ou

cliquez sur l'icône de l'application et vous êtes

automatiquement transporté à votre destination. De nombreux téléphones viennent maintenant avec beaucoup d'applications populaires pré téléchargés pour un accès facile.

Beaucoup de nouveaux dispositifs vous encourageons à télécharger des milliers d'autres applications pour le plaisir instantané. Il ya des applications pour des films, des taxis, de la musique, des jeux et bien plus encore. Une application est juste un moyen facile de se rendre à un endroit particulier sur le web sans avoir à taper un mot.

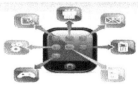

QR CODE

 Court pour Quick Response, le code QR a été développé au Japon et utilisé pour la première pour l'industrie automobile. Il est devenu à la mode en raison de sa rapidité et sa capacité à stocker plus d'informations que les codes à barres UPC standard. QR informations de code comprend l'identification, le suivi, la gestion, le marketing, le transport d'un site Web et plus encore.

Un code QR est un code-barres carré image bidimensionnelle faite de points sur un fond blanc. La plupart des nouveaux téléphones avec accès Internet et un appareil photo peut lire un code QR. Il suffit de pointer votre téléphone au QR Code et pousser l'application comme vous prenez une photo. Et plus vite que vous pouvez cliquer sur vos talons trois fois, vous y êtes.

Relativement pas cher à acheter et facile à utiliser, vous pouvez acheter / faire un QR code pour presque rien. Il est bon d'avoir pour toute entreprise ou de l'entreprise qui veut donner un accès rapide à leurs biens, de services ou d'un événement. Il suffit de regarder autour de vous et vous pouvez voir que l'invasion du code QR est ici.

Après un cauchemar à propos de suceurs de sang zombie mutant codes QR prenant sur le métro, j'ai ouvert une boîte de Raisin Bran pour obtenir mon exigence quotidienne de son. Comme je me suis assis en train de lire la boîte je me suis soudain rendu compte qu'il y avait un code QR à me regarder dans la boîte. Je ne pouvais pas le prendre, donc je verrouillée dans l'armoire et est allé me chercher un sandwich.

Comme je l'ai ouvert mon paquet footlongs eau à la bouche prête à dévorer ma dinde et fromage provolone, j'ai remarqué un code QR sur l'emballage me regardant dans les yeux morts. J'ai vite couru à la station de métro la plus proche. Je pensais que j'allais sortir mais il y avait un code QR sur pratiquement toute publicité. Cd, journaux, mes copines bras, je ne peux pas l'air de sortir de la QR code. S'IL VOUS PLAÎT AIDEZ-MOI!

Hashtag

Certains l'appellent le signe dièse, la dièse ou le signe de l'orteil tic de bord. Maintenant, beaucoup de gens l'appellent le hashtag. Initialement utilisé pour les sites de médias sociaux, le hashtag a été popularisée par twitter et est principalement utilisé pour identifier les

#You #are #ridiculous #with #your #annoying #and #unnecessary #use #of #hashtags.

messages sur un sujet particulier. Fondamentalement, un hashtag est un moyen pratique de rechercher des tweets (twitter) qui ont un problème familier.

Une des choses que j'aime à propos de hashtags, c'est qu'ils sont spécifiques. Si vous recherchez #Crisis, vous serez en mesure d'obtenir une liste de tweets sur l'émission de télévision. Ce que vous ne serez pas sont tweets disant "Je suis dans une crise" parce que le mot crise n'est pas directement  suivie par le hashtag (#). Vous pouvez obtenir des tweets sur la roche la crise de la bande de la 80, mais je doute vraiment quelqu'un est tweeté quelque chose sur eux de toute façon.

Instagram

Instagram est un véhicule pour les utilisateurs en ligne pour partager des vidéos et des photos sur les sites de réseautage social. Instagram permet également à ses utilisateurs d'appliquer des filtres numériques avant de les partager avec le monde. Moi et mes bons copains Mike Krieger et Kevin Systrom Blasted Instagram off à la fin de 2010, nous avons vendu Instagram à Mark Zuckerberg (Facebook) en 2012 pour 1 milliard  de dollars. Pas mal pour un travail de quelques années. Je suis toujours en attente pour mes gars coupées.

La même année, Instagram a été vendu, il y avait plus de 100 millions d'utilisateurs actifs.

C'est environ $ 10.00 payé pour chaque utilisateur. Maintenant, il a plus de 150 millions d'utilisateurs. Combien pensez-vous qu'il vaut la peine maintenant?

Mes amis qui me doivent encore de l'argent à Instagram, eu des ennuis l'an dernier quand ils ont pensé qu'il était acceptable d'utiliser une image posté sur Instagram pour ce qu'ils voulaient sans demander la permission. Quel

culot. Ils ont eu quelques raclées verbaux de tous les types de consommateurs, des groupes, des avocats et des célébrités. Ils ont été obligés de changer quelques politiques pour plaire à leurs utilisateurs. Sur la route, ils prévoient obtenir cette publicité dollar. Ce qui signifie qu'il sera publicités sur Instagram très bientôt. Je suis en yo! N'est-ce pas pas d'argent comme l'argent de la publicité.

Instagram a lancé ouvert la porte pour les chats de copie comme Pheed, Flickr et kik, tous qui permettent aux utilisateurs de

partager des photos et aime ou ne pas aimer (pouce en l'air ou les pouces vers le bas) ce qu'ils voient.

Les technologies avancées de caméras sur les smartphones a

contribué au succès de sociétés comme Instagram. Être capable de se connecter à plusieurs sites d'une entrée de l'internet permet aux utilisateurs de partager des photos et des vidéos en plusieurs endroits. Avec juste un clic d'un bouton une photo ou une vidéo provenant d'Instagram peuvent tourner sur facebook, twitter, youtube, kik et bien d'autres sites internet à la fois.

Retour dans la journée quand j'ai eu besoin de faire des recherches, soit je devais prendre un  voyage à la bibliothèque ou rechercher dans les encyclopédies, plus de cent (a pris la moitié de la salle de séjour) que mes parents continuent de payer pour. Avance rapide jusqu'à aujourd'hui et les livres d'information durs et lourds (encyclopédies) sont aussi éteints que les dinosaures. Quand nous voulons

informations que nous voulons maintenant. C'est pourquoi la première source d'information sur presque tout est un nid (place) sur le web merveilleux appelé Wikipedia.

Avec mes enfants amis de capot Larry Sanger  et Jimmy Wales, Wikipédia est devenu un rêve devenu réalité en 2001 Signification encyclopédie rapide, je me souviens de  Jeopardy à la télévision et à plaisanter avec eux sur la création d'un dictionnaire combinée,  encyclopédie, le type d'information d'hybride qui a toutes les réponses. Je l'ai dit, il devrait être gratuit pour tous les utilisateurs et fait pour tout le monde. Je leur ai même dit comment l'appeler.

Dans toute la vérité et l'honnêteté Wikipedia a été mon aller à la source pour les données, surtout quand je ne peux pas le trouver nulle part ailleurs. Ce qui rend si spécial Wikipedia est qu'il est écrit par le peuple pour le peuple. Il est constamment mis à jour, complétée et contesté sur des faits. Et si vous 'ne comprende', vous pouvez obtenir plusieurs traductions dans environ 300 langues différentes.

Malheureusement, car il ya tellement de gens qui contribuent à la quantité croissante d'informations sur Wikipedia, il est possible que tous les faits rapportés ne sont pas tout à fait exact. Bien que quelques pièces font détenir des informations non prouvées ou contradictoires, toutes les divergences peuvent être résolues par la suite lorsque nous les identifions et oblitérer (edit) eux.

Inconvénients

Sexting

Il ya quelques inconvénients à l'Internet incroyable et sexting est l'un d'entre eux. Un mot-valise de textos et le sexe, sexting se produit lorsque sexuellement explicites vidéos, photos ou commentaires sont envoyés d'une cellule à une autre (ou plusieurs autres). Certains sexting est innocent et est censé être drôle ou flirtacious.

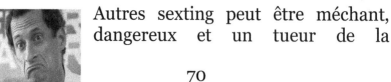

Autres sexting peut être méchant, dangereux et un tueur de la personnalité. Il peut également être criminelle. En 2012, le mot sexting a été officiellement ajouté au dictionnaire Webster.

Partout dans le sexting globe a été d'amener les gens en difficulté. Non seulement il a été une épine dans le pied de quelques politiciens, il a également affecté de nombreux adolescents et les enfants. Un gros problème avec les jeunes textos, c'est que souvent, ils ne se rendent pas compte qu'ils sont participant à la pornographie enfantine et pourraient être arrêtés. Quand les adultes entrent en possession de ces images, ils peuvent être arrêtés et étiquetés comme un pédophile.

Comme un conseil, ne jamais envoyer médias de vous-même à tout le monde que vous ne voudriez pas votre mère pour voir. Et certainement ne pas prendre de photos ou vidéo de quelqu'un dans une position que vous ne voudriez pas être vu dans. Ont eu des meurtres et de suicides plus être pris dans des situations compromettantes. Il est presque impossible d'arrêter la propagation une fois que vous appuyez sur ce bouton d'envoi et mettre des photos ou des mots inappropriés là-bas sur le web. Tout ce que vous mettez là-bas il est potentiellement toujours qu'il en soit respectable.

Cyberbully

Comme son nom l'indique, la

cyberintimidation, c'est quand une ou plusieurs personnes utilisent les textos ou sur le Web à harceler ou porter atteinte à un autre individu.

Cyberbullys intentionnellement menacer, honte, de manipuler et de rabaisser faussement leurs victimes. Habituellement cyberintimidation se fait par des jeunes.

Il y avait un cas récent de la cyberintimidation où deux filles de 12 et 14 ont été accusés de crimes pour le crime.

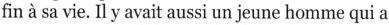

La victime, âgée de douze ans était désemparé qu'elle a décidé de mettre fin à sa vie. Il y avait aussi un jeune homme qui a

été enregistré secrètement par son compagnon de chambre de s'engager dans des relations de même sexe. La vidéo a été mis sur le web et le sentiment de honte, le jeune homme s'est tué.

Similaire à la cyberintimidation, le cyberharcèlement, c'est quand une personne utilise le web ou tout électronique de poursuivre ou tracas autre personne ou des personnes. Planter des virus, voler des identités, et qui font de fausses accusations sont toutes les formes de cyber-harcèlement et il est une infraction pénale. Un homme a été accusé de cyber-harcèlement pour dire des choses désobligeantes à propos de son ex petite amie et de mettre son e-mail et numéro de téléphone sur quelques sites de médias sociaux.

Exercice

Le manque d'exercice est un gros problème quand on est constamment en utilisant des dispositifs électroniques. Assis pendant de longues périodes de temps dans la même situation peut conduire à de nombreux maux. Syndrome du canal carpien conduit à des douleurs dans les poignets, les doigts et les articulations. Sur l'utilisation des muscles de la main peut entraîner des picotements, engourdissement et faiblesse. Il est important de se lever et de s'étirer. C'est ainsi que je tiens à saisir.

Obésité

L'obésité peut aussi devenir un sous-produit de la bande incroyable. Moins mouvement musculaire, garé sur les fesses toute la journée. Manger avec une main tout en saisissant et en surfant avec l'autre peut entraîner un gain de poids. Et en raison de l'utilisation accrue des médias électroniques pour l'école et le jeu,  beaucoup de nos

 enfants sont en proie à devenir obèses. Autant que je loue le web incroyable, il n'y a pas de substitut à la exersise nous avons besoin pour rester en santé.

Body Trauma

CVS ou Computer Vision Syndrome est un autre problème qui peut survenir de l'utilisation consistante des appareils électroniques. Vision floue, yeux brûlants rouges, douleur au cou, maux de dos et des maux de tête peuvent être le résultat de CVS. Prendre le temps intermittente hors de l'ordinateur peut aider à réduire ou à prévenir

CVS. Comme ma mère utiliser pour me dire: "Sortez et sentir les roses."

Socialisation

Certaines personnes croient que les sites sociaux sont le principal moyen que nous allons utiliser pour  socialiser avec les autres à partir de maintenant, et dans une certaine mesure cela peut être vrai. Il semble que l'un sur l'un des interactions physiques sont rapidement diminuent. Beaucoup de gens préfèrent même eachother texte plutôt que de passer un appel téléphonique ou faire une visite.

Il utilise à un moment où j'ai pris mes poussins des clubs ou d'autres événements sociaux. Maintenant, si je vois quelqu'un que j'aime sur le net, je demande à être leur ami et j'espère qu'ils  ressemblent vraiment à leur image si jamais nous rencontrer en personne.

L'Internet en est à ses milieu twentys il se sent comme il peut conquérir le monde. Mais il est âgé de plus dans le domaine des années de chien, donc c'est un très vieux vingt quelque chose. Cependant l'Internet est un outil merveilleux pour cette ère de l'information. Chaque fois que je trouve un produit que je suis intéressé par je toujours vérifier ce que le World Wide Web a à dire à ce sujet. J'ai l'habitude de plus d'informations que je peux digérer car il ya généralement plusieurs commentaires écrits sur chaque produit vendu. Et s'il n'y a pas, vous pouvez le créer. Pour moi, c'est la beauté (et la bête) du filet. Nous sommes tous ajoutons à elle. Non, photo, commentaire ou transaction jamais obtient définitivement supprimés. Pas une seule fois il se déplace à travers les portails de la Netasphere ©.

Le merveilleux web continuera à rendre la vie plus facile pour nous, mais il va probablement nous faire paresseux. Il utilise pour ce que nous avions à la main (se lever) transformer la chaîne et augmenter ou diminuer le volume. Maintenant, ils disent une chose qu'un homme ne peut pas vivre sans la télécommande pour la télévision. Nous devenons une société de

gatification instant, vivant sur la restauration rapide. Avec internet, prendre à emporter et livraison à une haute de tous les temps.

Bancaire se fait sur Internet. Air vols et les réservations d'hôtel sont faites en utilisant le web. Avec des sites comme 'Uber' Vous pouvez maintenant même appeler un taxi sans faire un appel téléphonique. Et avec MTA Voyage vous n'avez pas à attendre longtemps pour le bus parce que vous savez exactement tel quand il vient.

Venant d'un assortiment de systèmes d'auto-régulation de l'Internet a transformé en un organe universel qui fournit une étape de communication pour les entreprises nouvelles et anciennes, des éducateurs, des célébrités et des gens ordinaires de même. Tous sont les bienvenus, et vous pouvez vous joindre à ce vaste réseau à travers de multiples moyens. Vous n'avez même pas besoin d'être vous-même (mais en étant quelqu'un d'autre ne sont pas vraiment vous mettre en contact avec un côté de vous que vous étiez en réprimant ainsi faire ressortir le vrai vous?). Akward.

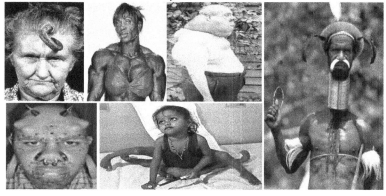

Comme l'internet joue un rôle plus important de contexte, il devient un acteur omniprésent dans notre vie quotidienne, nous donnant ainsi ce qui est connu comme le 'Ubernet '(Internet omniprésent). Tout comme nous avons oublié les vastes systèmes qui apportent des gaz, de l'eau et de l'électricité dans nos maisons, nous serons internetized © au point que nous allons manquer de remarquer combien nous comptons sur elle.

Aujourd'hui, beaucoup d'entre nous sont consciemment en train de dormir. Nous jouons dans et sur l'horloge de la vie, presque comme des robots. Avec la réalité virtuelle Ubernet est à craindre d'être l'un des outils pour nous garder

mentalement morts ou assez préoccupés à face gauche tandis que la droite fait son sale boulot. Dr York a appelé le sort de Kingu

(Liviathan). Cyndi Lauper chante "Girls just wanna have fun".

Pour quelques-uns, le mot ubernet est juste un argot inscrire pour Internet dégoût (c'est à dire "Zut ubernet ne fonctionne pas"). Je crois

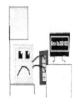

que la portée de la Ubernet permettra d'améliorer obligations internationales. Tout en encourageant les associations constructives entre les cultures, la merveilleuse web va rendre les gens plus conscients de la planète et devenir un peu plus tolérant avec each other.

Virtual reality

Retour au début des années quatre-vingt jeux vidéo est devenu un phénomène majeur et tous les magasins ont eu au moins un. Nous n'avons pas eu de jeux vidéo pour la maison et pourtant si nous sortions, déposer notre quartier dans la fente et profiter de nos quelques minutes tuant des  étrangers. Finalement magasins de jeux vidéo sont ouvertes dans toute mais ce n'était pas comme il est aujourd'hui. Prenez la 34e rue, par exemple, ils avaient une arcade avec des tonnes de jeux vidéo à jouer. Mon père nous emmenait là juste pour passer toute la journée à jouer à des jeux vidéo. Nous souhaitons passer d'un jeu à l'autre, ou parfois maîtriser un ou deux pendant des heures. Il y avait même des travailleurs qui se promènent évolution billets d'un dollar de trimestres pour nous de jouer encore et encore.

Quand Reagan était président, j'ai eu un ordinateur Commodore 64. Il n'y avait pas internet, mais je pouvais encore faire mes propres jeux vidéo. Ils n'étaient pas aussi avancés que les jeux vidéo dans le magasin, et il a fallu littéralement jours à taper dans tous les codes de faire des choses simples. Mais il m'a occupé et le plomb des widgets sympas que nous avons maintenant. Si vite envahisseurs de l'espace avant et dernières pac man, et de voir avec votre verre google que la réalité virtuelle est sur le point de prendre le relais.

Google Glass est le equavalent à porter un ordinateur sur votre tête. Il n'y a aucune clavier ou boutons à pousser il est donc les mains libres. Vous communier avec elle comme si vous aviez un ami assis sur votre front.

Avec la capacité de changer la façon dont vous voyez les choses autour de vous, Google Glass est la nouvelle réalité virtuelle âge. Pourtant la réalité virtuelle n'est pas nouveau. Il a été autour depuis un certain temps, mais dans le passé il aspiré quand il est venu à des produits réels. Et Google verre n'est pas le seul.

J'étais juste traînais avec mon homme, Mark Zuckerberg quand à l'improviste je lui mon Rift casque prototype (Oculus) montré. Mark Z a décidé (derrière mon dos) à investir dans l'entreprise pour quelques milliards. Vous pensez que j'ai quelque chose à l'affaire? Je me sens comme mon ancien mentor Rodney Dangerfield "je n'ai pas de respect".

Maintenant, entre dans la dernière avancée technologique dans la réalité virtuelle 'Oculus'. Oculus est un casque qui vous amène à un autre endroit, l'heure ou conte de fées. Vous devenez absorbé dans un ordinateur généré environnante. Vous pouvez faire partie du film ou de jeu. Il a été dit que son monde virtuel est si bon que vous vous sentez comme vous êtes vraiment là.

Fondamentalement, vous pouvez imaginer que dans l'avenir les gens seront probablement assis dans un minable, en sueur, pièce sombre et humide avec une paire de jumelles futuristes sur toute la journée. Ils oublieront hygiène, l'alimentation, ou les éliminations car ils seront complètement immergés dans un autre monde. La façon dont les gens sont absorbés dans leurs téléphones maintenant, Xs que par 100.

Vidéo Autres (informatiques) jeux contrôlés par le mouvement comme Virtual Boy de Nintendo, Wii, Kinect et Playstation 4 ont ouvert la voie pour les goûts de Oculus Rift, projet Morpheus de Sony et quelques autres qui sont en cours héraut comme révolutionnaire et convaincants, mais ont encore d'avoir des dates de libération. Expériences avec ces nouveaux gadgets sont censés donner des expériences de plus en plus agréables, utiles et personnalisés. Ils ont vraiment le prendre personnel.

 Certains croient que le port d'une paire de lunettes envahis dessus de votre tête qui vous emmène loin de la réalité et s'empare de vos sens est finalement antisocial et dangereux. Il ya ceux qui pensent qu'il est mauvais de donner autant de vous-même à une intelligence artificielle (IA). Ils ne croient pas que c'est une bonne chose.

D'autres prédisent que le cyberespace devient le principal lieu de rencontre pour de nouveaux partenariats. Netasphere © affiliation de partout dans le monde sera devenu un lieu et un lien comme les individus occupés plus commun, tout en faisant tomber les barrières et les stéréotypes raciaux. Le nouveau casque intégrera images holograhphic si bon et amener les gens de manière quasi rapprochés qu'ils se sentent comme ils peuvent littéralement "être en mesure de pousser l'autre."

hologrammes

Comme beaucoup de gens de mon premier souvenir d'un hologramme est venu de la guerre des étoiles. Une image de la princesse Leia plaidait pour son seul espoir. Il ya un an c'était la ressemblance de Tupac sur scène. Maintenant, c'est Michael Jackson et Hatsune Miku, Japans plus grande star de la pop n'est même pas une vraie personne. Il était une fois la rumeur que George Lucas a acheté les droits de personnes décédées afin de rendre un (holographique) film en 3D avec eux.

Un hologramme est une image tridimensionnelle formée par l'interférence des faisceaux de lumière provenant d'un laser ou d'un autre dispositif cohérent. Photos et des films normaux sont en deux dimensions avec l'action se passe à l'écran tandis qu'une image holographique semble être en mesure de vous frapper dans le visage. Le IMAX théâtre est un parfait cxcmplc ct vous pouvez vous attendre à voir grand avancement dans hologrammes futures.

Drones

Certaines personnes pensaient en fait mon partenaire dans la criminalité sur Internet et je voulais vraiment entrer dans l'entreprise de livraison de pizzas. À vrai dire, M. Zuckerberg ou Mark Z comme on l'appelle, ne pas manger la pizza parce qu'il est intolérant au lactose.

Un début de printemps (après une nuit de fête) matin, nous étions en train de jouer jusqu'à quatre connecter et parler de ce que nous avons eu une explosion de la veille. Bien sûr, nous avons eu un petit creux avec des bras courts et les poches profondes. Après avoir connecté quatre dans une rangée, j'ai inventé cette histoire de comment j'allais pour créer des drones capables de voler dans les airs et de livrer une pizza en 10 minutes ou moins. Et juste parce qu'il ne peut pas avoir

 des produits laitiers Mark Z décidé de prendre mon idée, appeler Connectivité Lab et fournir Internet à la place de la pizza. Que voulez-vous plutôt Internet ou Pizza?

Dédié à la construction d'une armada de satellites, la connectivité Lab construit actuellement des drones qui sont en mesure de fournir l'Internet dans les régions éloignées. Ainsi, vous pouvez vous attendre à voir des objets métalliques discrets planant tranquillement dans les airs très bientôt. Dans les zones plus ouvertes comme les banlieues, ils

ont élevé des avions de hauteur qui sont alimentés par le soleil. Capable de rester en l'air pendant presque un an, ils sont facilement surveillés et contrôlés.

Google a les mêmes idées avec le projet Loon. Ils sont à la recherche pour fournir un accès Internet à travers le monde en utilisant des ballons qui sont à l'énergie solaire. Ils ont presque 50 ballons dans l'atmosphère déjà et beaucoup plus à venir. Avec la portée et la vitesse de la bande, s'il ya une vie intelligente là-bas dans l'espace qu'ils savent que nous sommes là pour vous. Gardez cette place nous  jouerons envahisseurs de l'espace pour de vrai.

Qui savait que ces modèles réduits d'avions  que nous utilisons pour construire que les enfants seront un jour appelés drones et utilisés pour lutter contre les vraies guerres. Aussi appelé un drone ou un véhicule aérien sans pilote, les drones sont des avions de pilote moins. Contrôle par télécommande ou les ordinateurs, leur utilisation militaire a sauvé de nombreuses vies. En plus de servir dans l'armée, les drones ont été utilisés par les organismes d'application de la loi, les démineurs et les pompiers.

Non seulement pour la livraison de pizza, les drones peuvent aider à donner des informations de la police sur les situations à haut risque et à aider les pompiers à éteindre les incendies. Drones continuera également à nous servir grandement dans notre quête de la connexion ultime du cyberespace.

SANTÉ

Alors que nous regardons la merveilleuse web s'enchevêtrent dans nos vies, il devient de moins en moins visibles. L'industrie des  soins de santé en particulier tirera pleinement parti de leur capacité à surveiller les patients  utilisant le web. Non seulement rentable, il fait gagner du temps et est souvent plus facile pour le patient et le médecin. Je utiliser pour avoir mes séances psychologiques sur le haut-parleur et maintenant je peux le faire sur vidéophone.

Avec les signes vitaux, de nombreuses personnes atteintes de MPOC, CHF, les problèmes cardiaques et le diabète, auront bientôt leurs maux surveillés à distance de la maison. Les petits appareils n'auront pas besoin de fils et seront en mesure de transmettre ses données à partir de n'importe où. Ils seront non évasive que nous allons bientôt oublier qu'ils sont encore là jusqu'à une situation d'urgence.

Femme enceinte sera observé pour leur fœtus. Les toxicomanes seront surveillés pour l'utilisation. Les fous seront surveillés pour des pensées folles, et les grosses personnes auront leur dose  journalière de lasagne enregistrées.

Ils peuvent également surveiller l'amour. Il est un soutien-gorge qui détacher si l'utilisateur devient attiré par quelqu'un. J'en ai eu un, maintenant, si je ne peux avoir une femme pour aller avec elle.

ICANN

Il fut un temps où tous de New York partagent un code régional 212. Avec la demande de plusieurs numéros de téléphone est venu d'un changement dans le système Internet. Les compagnies de 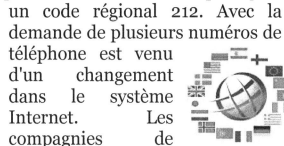  téléphone ont dû ajouter 718, 646, 917, et d'autres indicatifs régionaux pour combler le besoin. Si vous arrêtez d'y penser l'Internet est presque la même, mais sur une échelle beaucoup plus grande. Par conséquent, une organisation multinationale appelée Internet Corporation for Assigned Names et Numbers (ICANN) a été créée pour gérer les codes de l'Internet de la région.

Chaque fois que vous envoyez quelque chose sur le net, vous êtes pratiquement envoyez un message à partir d'un code de zone IP à un autre. Protocole Internet (IP) des indicatifs régionaux sont les ports, les téléphones, ou à la maison où nous envoyons et recevons le message. Pouvez-vous imaginer d'essayer de trouver un système qui fonctionne pour vous aider à naviguer à maintes IP:  340.000.000.000.000.000 .000.000.000.000.000.000.000? C'est beaucoup. Sans indicatifs régionaux IP, il serait impossible et il n'y aurait pas internet sans eux.

ICANN est internationalement exécuté. Semelle particulier le gouvernement, organisation ou personne contrôle. Si vous regardez le web comme une bibliothèque, ce sont les bibliothécaires.

LIBRARIAN

ICANN n'est pas le seul groupe à chercher le poste de bibliothécaire de la merveilleuse web. Retour en 2012 l'UIT ou de l'Union internationale des télécommunications ont essayé d'obtenir de nombreux pays à signer un traité mondial sur la façon de gouverner l'Internet. L'Amérique était l'un des nombreux à dire non au traité, car il limite l'utilisation et la vie privée de l'internet. Merci pour le travail des différents groupes de l'internet, le web contribue à changer les lois injustes de l'internet partout dans le monde.

 Nous devrons inévitablement apprendre à se comporter de manière appropriée parce que nous sommes constamment surveillés et punis. Beaucoup de gens se tournent vers  le Web dans un effort pour éviter d'être remarqué. Il n'a pas d'importance parce que Big Brother sera toujours regarder.

89

Il est même plus en plus difficile de faire un crime parce que chaque fois que vous marchez dans un bloc ou entrez un établissement vous être filmé. Les appels téléphoniques sont surveillés. Suivi global est actif sur plusieurs de nos appareils. Metrocards comportent des informations sur ce que le temps et où nous avons été à chaque coup. Supermarchés, taxis, les écoles, les parcs, les maisons, les salles de bains, le sourire sur votre 'Big Brothers Watching You '.

Le FBI ne pouvait pas garder une trace sur moi, donc ils ont formé la NSA (National Security Agency) pour enregistrer chacun de mes appels téléphoniques, des textes et des mouvements de l'intestin (le vôtre aussi). Pas depuis mon grand-père étape George Orwell a écrit '1984', ai-je été plus peur de faire un appel téléphonique. C'est pourquoi je converse que par des coquillages et des gobelets en papier avec de la ficelle maintenant.

Je veux juste envoyer un cri et remettre les pendules. Pour un agent de la NSA qui va par le nom de code "Vv". **Ce message est seulement pour elle.** *"Je n'ai pas mangé votre chien et que j'allais faire une pédicure. Je promets. "*

Maintenant grand nombre de frère 4, connu sur  le bloc comme le quatrième amendement, me dit que je dois attendre une quantité raisonnable de vie privée. Cependant, je sais que mon  téléphone est utilisé comme un dispositif d'écoute pour plus que juste quand je fais un appel. La NSA écoute quand mon téléphone n'est pas encore en fonctionnement (le vôtre aussi). Le seul moment où ils ne sont pas à l'écoute de ce que je fais, c'est quand je prends la batterie du téléphone.

Suis-je un peu paranoïaque? Peut-être que je suis, mais il est toujours vrai. Juste recherche  DCAC ou le centre d'assistance domestique Communications. Ils sont gérés par le FBI et sont des saigneurs de fil experts et les lecteurs de livres. Je l'ai déjà dit (écrit) trop, le sujet suivant s'il vous plaît.

La Fin

 Avant toute chose, même en mettant de côté l'Internet, l'argent est un sujet de préoccupation pour l'avenir. Mais l'argent de papier et l'Internet n'ont jamais été amis. Le web a toujours su que l'avenir de nos présidents morts est très sombre. Le projet de loi de dollar a été en cours lentement progressive depuis un certain temps maintenant, et c'est pourquoi votre argent n'est pas bon sur le net.

Vous devez disposer d'un crédit à l'achat sur le web ou transactions peut parfois prendre des mois à effacer.

De jetons aux cartes de métro, les pièces de EZ passe, l'argent pour les cartes de crédit, même Chuck-E-fromage qui vous échangez de l'argent réel pour leur argent à jouer avec leurs jeux. Ils disent cela rend les choses plus vite et plus simple, mais la vraie raison est d'éliminer le papier-monnaie et un système basé sur le crédit.

Bientôt à venir est une société sans argent liquide. Rappelez-vous des coupons alimentaires? Rencontrez la carte EBT. Rappelez-vous le chèque de paie? Dites bonjour au dépôt direct. Transactions de drogues, dames de la nuit, même le jeu est actuellement négociés avec des crédit ou de débit.

 Il ya actuellement une tentative d'introduire de l'argent numérique dans le monde réel. C'est ce qu'on appelle le Bitcoin. Il s'agit d'une personne à une monnaie numérique de personne qui ne fait pas partie d'un pays ou d'une banque en particulier. Bitcoin prétend être libre de l'inflation et d'intérêt indépendamment du taux du marché.

Bitcoin est fondamentalement une application qui permet aux utilisateurs de dépenser de l'argent sur le web partout dans le monde. Cependant bitcoins font plus que de croisière sur le net. Vancouver a des guichets automatiques et des magasins qui acceptent les bitcoins comme moyen de paiement. Il est prévu que nous serons en mesure de payer les frais de scolarité, les vols vers l'espace, et l'épicerie avec bitcoin très bientôt. C'est une nouvelle façon de payer pour des choses, mais ce sera un type normal de l'opération à l'avenir.

Comme beaucoup de nouvelles choses, le web peut devenir plus difficile pour les générations plus âgées à naviguer, mais ce n'est pas juste une question de génération. Accès à de nouveaux ordinateurs, des idées et de la technologie n'est pas toujours facile à acquérir pour certains. Cependant, comme nos enfants grandissent, ils deviennent familiers avec les gadgets actuels que nous devons souvent nous les aider à 'de nouvelles 'choses'. Avec qui dit l'avenir de l'Internet appartient à l'avenir (de nos enfants). Ils décident ce qui est important pour eux et agissent en conséquence.

"La meilleure façon de prédire l'avenir est de l'inventer."

* L'image dos de couverture est moi dans les années 80. Je n'ai aucune idée pourquoi je devais vous le dire.

À Propos de L'auteur

David Theodore est un produit du Bronx et a créé des histoires depuis plus de trente ans. Diplômé de psychologie du Paine College à Augusta en Géorgie et en psychologie médico-légale à John Jay College à Manhattan, il entend un jour poursuivre son doctorat. Voyage de la vie lui a permis de maintenir enfoncée de nombreux emplois, y compris le père, enseignant, chauffeur de taxi, caissier, cuisinier de la restauration rapide, vendeur de vide, travailleur de la construction, travailleur de gouvernement, vidéo-jockey, conseiller, assistant de santé à domicile et plus. Pourtant chaque jour a ses hauts et ses bas, et pendant une courte période, il était sans-abri et de dormir dans les tunnels sous la ville de New York. Grâce à tous les bons et mauvais moments, l'écriture est resté une passion.

Avoir les portes des grands éditeurs et agents claqué à plusieurs reprises dans son visage, il a décidé de publier soi. Finalement, il a trouvé les mêmes personnes qui partagent son combat sont devenus ses plus grands supporters. Maintenant, quand il arrive dans le métro ou se promène dans les rues de New York, il est armé avec ses livres et un désir de partager sa littérature avec le monde.

Découvrez ses autres livres sur Amazon et Kindle:

Père célibataire Monty Richards est de ne pas avoir le temps plus facile élever ses enfants Maritza, Marian et Mont 2 sur son propre, mais ils sont une famille heureuse. Puis il rencontre Evette, une femme aux priscs avec des dépendances et des problèmes d'abandon. Est-elle celle qu'il a été aspire à la mère et comprendre les enfants ont besoin dans leur vie? Ou elle déchirer la famille à part?

Don est introduit à la drogue et le sexe au cours de son adolescence. Il est pris dans un tissu de mensonges et tromperies, tout en rattrapant les yeux de Jackie, un des trafiquants de drogue et à venir fille. Johnny le trafiquant de drogue ne prend pas de bien vouloir à quelqu'un frapper un de ses miels et décide vengeance est dans l'ordre. Pendant ce temps Don est à frapper les peaux comme un taureau de goujon, ne sachant pas que Johnny est à venir pour lui.

Confrontation s'ensuit et le méchant est en fuite. Don survit à peine, mais il ne vivra pas longtemps s'il continue sur sa voie destructrice. Néanmoins, il est difficile de faire le bien quand il ya tant d'influences négatives autour. Avec tous les visiteurs, il a toujours perturbant son état d'esprit, Don s'enfonce davantage dans un abîme sexuelle. Alors que Johnny fait le disque constater qu'il n'y a pas de loyauté dans les rues. Quoi qu'il en soit, la protection est en ordre, car ce n'est pas protégée de la partie I et II.

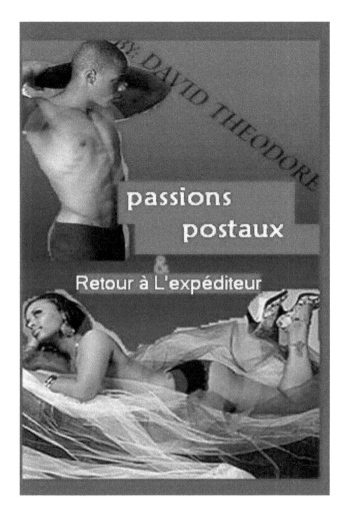

Raw, amusant, inattendu, controversée, dramatique, et très sexuelle. Ce ne sont que quelques-uns des mots utilisés pour décrire Passions postal et retour à l'expéditeur. Pour les lecteurs matures seulement.